遊んで学んで大ぼう

恐《きょう》竜《りゅう》BOOK《ぶっく》

『このほんの　あそびかた』

めいろ

スタートから　ゴールに　いこう!

えさがし

していされた　えを　さがそう!

まちがいさがし

2まいの　えを　くらべて　ちがいを　さがそう!

ぬりえ

すきに　ぬって　いいよ!

めいろ＆えさがし

ティラノサウルスが　でたぁ！

スタートから　ゴールに　いこう！

きいろの　いしを　5つ　さがそう！

まちがいさがし

ティラノサウルスから にげろ!

ひだりの えと みぎの えで ちがう ところを 7つ さがそう!

こたえは92ページ

まちがい
さがし

スピノサウルスが さかなを たべているぞ！

ひだりの　えと　みぎの　えで　ちがう　ところを　6つ　さがそう！

こたえは92ページ

まちがい さがし

トリケラトプスは つのが じまん！

うえの えと したの えで ちがう ところを 6つ さがそう！

こたえは92ページ

まちがい
さがし

アンキロサウルス vs ティラノサウルスだ！

うえの　えと　したの　えで　ちがう　ところを　6つ　さがそう！

こたえは92ページ

めいろ&えさがし

ブラキオサウルスの むれだ！

スタート から ゴール に いこう！

こんな　きのみを　5つ　さがそう！

こたえは92ページ

まちがい
さがし

イグアノドンが なかよく はっぱを パクリ!

うえの えと したの えで ちがう ところを 6つ さがそう!

こたえは92ページ

まちがい さがし

パキケファロサウルスの けんかだ！

うえの えと したの えで ちがう ところを 6つ さがそう！

こたえは92ページ

めいろ＆えさがし

ステゴサウルスの　むれだ！

スタート から　ゴール に　いこう！

このもようの　ウロコを　5まい　さがそう！

こたえは92ページ

まちがい
さがし

モササウルスが　およいでいるぞ！

うえの　えと　したの　えで　ちがう　ところを　6つ　さがそう！

こたえは92ページ

まちがい
さがし

アルゼンチノサウルスが だいこうしん！

うえの えと したの えで ちがう ところを ❻つ さがそう！

こたえは92ページ

めいろ＆えさがし

ディメトロドンが　たいようを　あびて　いるぞ！

スタート から　ゴール に　いこう！

これと　おなじ　いしを　3つ　さがそう！

こたえは92ページ

まちがいさがし

プテラノドンが　とんで　きたぞ！

うえの　えと　したの　えで　ちがう　ところを　6つ　さがそう！

こたえは92ページ

まちがい
さがし

ガストニア vs ユタラプトルだ！

ひだりの　えと　みぎの　えで　ちがう　ところを　6つ　さがそう！

こたえは92ページ

レガリケラトプスは　3つのツノが　あるぞ！

スタート から　ゴール に　いこう！

こたえは92ページ

めいろ＆えさがし

アーケロンが　えものを　パクリ！

スタートから　ゴールに　いこう！
ほしの　ついた　クラゲを　3びき　さがそう！

こたえは92ページ

めいろ＆えさがし

プレシオサウルスが おおあばれ！

スタート から ゴール に いこう！

さかなの　ほねを　5つ　さがそう！

こたえは93ページ

めいろ&えさがし

ケナガマンモスが ねらわれて いるぞ！

スタート から ゴール に いこう！

つぎの 3つを さがそう！

こたえは93ページ

まちがい
さがし

マイアサウラの こそだてだ！

ひだりの えと みぎの えで ちがう ところを 7つ さがそう！

こたえは93ページ

ティラコスミルスのめいろだ!

スタート から ゴール に いこう!

こたえは93ページ

まちがい
さがし

ティラノサウルスの　すもうだ！

うえの　えと　したの　えで　ちがう　ところを　6つ　さがそう！

こたえは93ページ

まちがい
さがし

メガテリウムが はっぱを パクリ！

ひだりの　えと　みぎの　えで　ちがう　ところを　7つ　さがそう！

こたえは93ページ

めいろ&えさがし

アロサウルス vs ステゴサウルスだ！

スタート から ゴール に いこう！
おなじ もようの むしを 3びき さがそう！

こたえは93ページ

めいろ

ディモルフォドンは あたまが でかいぞ！

スタート から ゴール に いこう！

こたえは93ページ

めいろ＆えさがし

トリケラトプス vs ティラノサウルスだ！

スタート から ゴール に いこう！

ひびの　はいっていない　ツノを　6ぽん　さがそう！

こたえは93ページ

めいろ&
えさがし

モササウルスの ハンティング!

スタート から ゴール に いこう!

つぎの 3つを さがそう！

こたえは93ページ

まちがい
さがし

アクティラムスが さかなを ねらうぞ！

ひだりの　えと　みぎの　えで　ちがう　ところを　8つ　さがそう！

こたえは93ページ

めいろ＆えさがし

サイカニアは　おが　ぶきだ！

スタート から　ゴール に　いこう！

これと　おなじ　みを　３つ　さがそう！

こたえは93ページ

まちがい さがし

ブラキオサウルスが はっぱを パクリ!

うえの えと したの えで ちがう ところを 6つ さがそう!

こたえは94ページ

まちがい
さがし

プテラノドンが　とんでいるぞ！

ひだりの　えと　みぎの　えで　ちがう　ところを　7つ　さがそう！

こたえは94ページ

まちがい
さがし

ステゴサウルスが かくれんぼ！

うえの えと したの えで ちがう ところを 7つ さがそう！

こたえは94ページ

めいろ　アーケオプテリクスは おが ながいぞ！

スタート から ゴール に いこう！

こたえは94ページ

めいろ＆
えさがし

ワリセロプスは かいていで エサさがし！

スタート から ゴール に いこう！

このもようの　かいを　5つ　さがそう！

こたえは94ページ

ニジェールサウルスが　くさを　モグモグ！

スタート から　ゴール に　いこう！
このもようの　チョウを　3 びき　さがそう！

こたえは94ページ

めいろ

オウラノサウルスは せなかが モリモリ！

スタート から ゴール に いこう！

こたえは94ページ

まちがい さがし

デスモスチルスが みずの なかを さんぽだ！

ひだりの えと みぎの えで ちがう ところを 8つ さがそう！

こたえは94ページ

めいろ＆えさがし

トリケラトプスは ツノで たたかうぞ！

スタート から ゴール に いこう！

つぎの 3つを さがそう！

こたえは94ページ

まちがいさがし

ティラノサウルスが　やってきた！

ひだりの　えと　みぎの　えで　ちがう　ところを　8つ　さがそう！

こたえは94ページ

めいろ＆えさがし

ディプロドクスは くびが ながいぞ！

スタート から ゴール に いこう！
このもようの トンボを 4ひき さがそう！

こたえは94ページ

ぬりえ

ヴェロキラプトルは すばやいぞ！

めいろ＆えさがし

プテラノドンが くもの うえを とんでいるぞ！

スタート から ゴール に いこう！

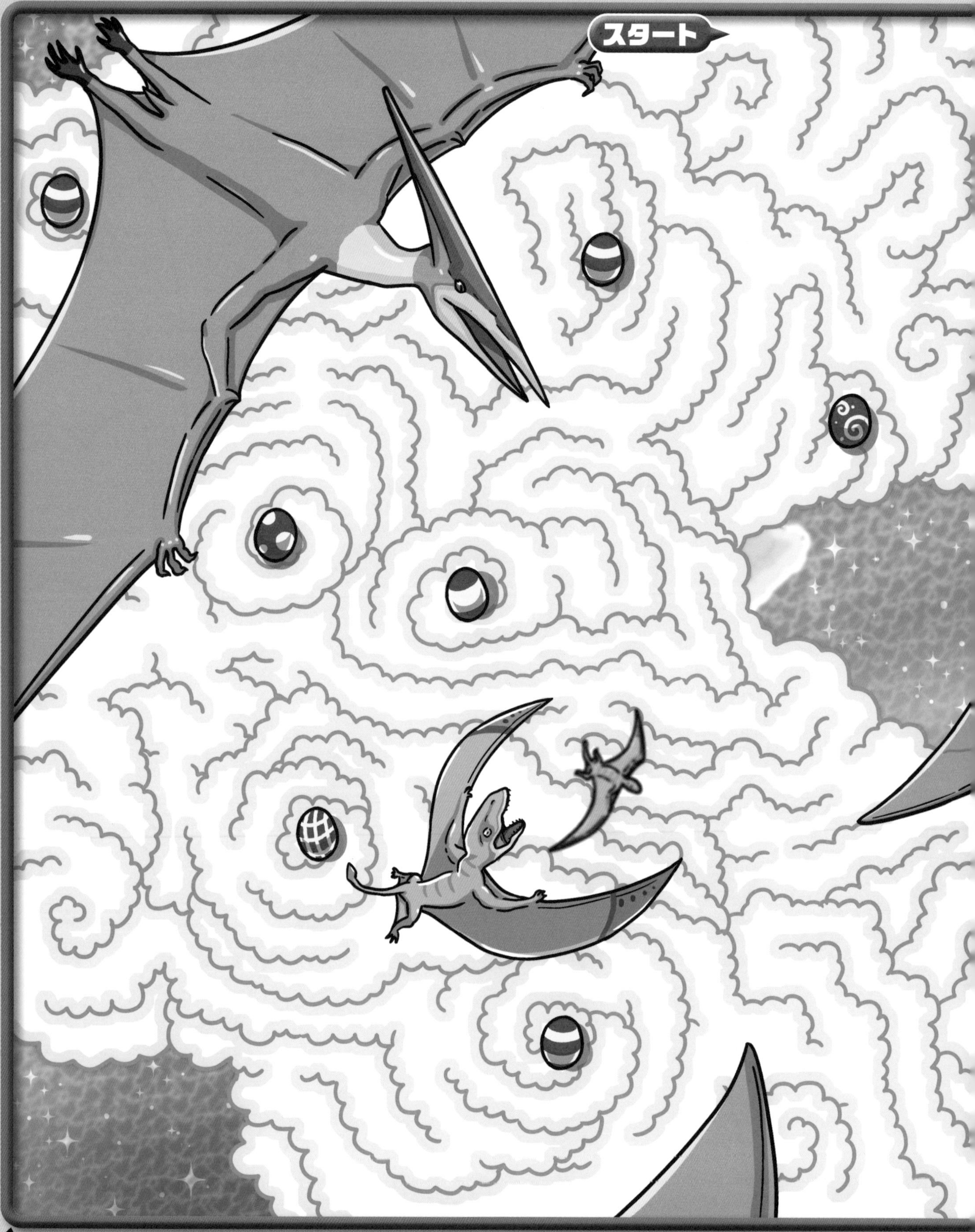

このもようの　たまごを　5つ　さがそう！

こたえは94ページ

めいろ

サウロペルタのめいろだ！

スタート から　ゴール に　いこう！

こたえは95ページ

テリジノサウルスには　3ぼんの　ツメ！

スタートから　ゴールに　いこう！
おなじ　はねを　4ほん　さがそう！

こたえは95ページ

まちがい さがし

アンキロサウルスは　ふといしっぽで　ドーン！

うえの　えと　したの　えで　ちがう　ところを　6つ　さがそう！

こたえは95ページ

まちがい さがし

モサザウルスが えものを みつけたぞ！

うえの えと したの えで ちがう ところを 6つ さがそう！

こたえは95ページ

めいろ＆えさがし

ギガノトサウルスの ハンティングだ！

スタート から ゴール に いこう！

つぎの 3つを さがそう！

こたえは95ページ

まちがい さがし

アノマロカリスが えものを がっちり！

ひだりの えと みぎの えで ちがう ところを 8つ さがそう！

こたえは95ページ

ぬりえ

フタバサウルスは くびが ながいぞ！

めいろ

スーパーサウルスは　おおきさも　スーパー！

スタート から　ゴール に　いこう！

こたえは95ページ

まちがい
さがし

トゥパンダクティルスが さかなを とったぞ！

ひだりの えと みぎの えで ちがう ところを 8つ さがそう！

こたえは95ページ

めいろ＆
えさがし

イクチオサウルスが　イカを　パクリ！

スタートから　ゴールに　いこう！
おなじ　かいを　4つ　さがそう！

こたえは95ページ

ぬりえ

ケツァルコアトルスは　つばさが　でかいぞ！

めいろ＆えさがし

きょうりゅうが　いろいろな　ところで　バトルだ！

スタート から　ゴール に　いこう！

あかいいろの　ほうせきを　5つ　さがそう！

こたえは95ページ

ぬりえ

スティラコサウルスは ツノだらけ！

めいろ

プレシオサウルスは　4つの　ヒレで　スイスイ！

スタートから　ゴールに　いこう！

こたえは95ページ

まちがい
さがし

スピノサウルスの ハンティングだ！

うえの えと したの えで ちがう ところを 6つ さがそう！

こたえは95ページ

めいろ&えさがし

パラサウロロフスは トサカが じまん！

スタートから ゴールに いこう！
おなじ あしあとを 4つ さがそう！

こたえは95ページ

めいろ＆えさがし

アマルガサウルスは トゲが かっこいい！

スタート から ゴール に いこう！

つぎの　3つを　さがそう！

こたえは96ページ

めいろ

ダンクルオステウスは かむちからが すごい！

スタート から ゴール に いこう！

こたえは96ページ

まちがい さがし

ディメトロドンが ひなたぼっこだ！

うえの えと したの えで ちがう ところを 7つ さがそう！

こたえは96ページ

タルボサウルスは はが つよいぞ！

スタートから ゴールに いこう！
おなじ はっぱを 4まい さがそう！

こたえは96ページ

ぬりえ

インドリコテリウムは　はやくて　でかい！

めいろ

ファヤンゴサウルスは トゲだらけ！

スタート から ゴール に いこう！

こたえは96ページ

まちがい さがし

ケントロサウルスは しっぽに トゲトゲ！

うえの えと したの えで ちがう ところを 7つ さがそう！

こたえは96ページ

恐竜《きょうりゅう》・古生物《こせいぶつ》リスト

名前《なまえ》	特徴《とくちょう》	ページ
アーケオプテリクス	鳥《とり》の祖先《そせん》に最《もっと》も近《ちか》い鳥類《ちょうるい》のなかまで、始祖鳥《しそちょう》とも呼《よ》ばれている。	47
アーケロン	生物《せいぶつ》史上《しじょう》最《もっと》も大《おお》きなカメ。甲《こう》らがなく、厚《あつ》い皮《かわ》でおおわれていた。	23
アクティラムス	大《おお》きなハサミをもつ肉食動物《にくしょくどうぶつ》。足《あし》と尾《お》を使《つか》って泳《およ》いでいた。	40
アノマロカリス	発達《はったつ》した目《め》と大《おお》きな触手《しょくしゅ》で獲物《えもの》をつかまえていた肉食動物《にくしょくどうぶつ》。	68
アマルガサウルス	首《くび》から背中《せなか》まである二《ふた》またに分《わ》かれたトゲとまくが特徴《とくちょう》の恐竜《きょうりゅう》。	82
アルゼンチノサウルス	すべての陸上生物《りくじょうせいぶつ》の中《なか》で最大《さいだい》の恐竜《きょうりゅう》。体長《たいちょう》は35～45m《メートル》、重《おも》さ約《やく》90t《トン》。	17
アロサウルス	前足《まえあし》のツメとギザギザの歯《は》をもつジュラ紀最大級《きさいだいきゅう》の肉食恐竜《にくしょくきょうりゅう》。	34
アンキロサウルス	全身《ぜんしん》をおおうかたいヨロイ、ハンマーのような尾《お》をもつ恐竜《きょうりゅう》。	9、64
イグアノドン	馬《うま》のような顔《かお》の植物食恐竜《しょくぶつしょくきょうりゅう》。世界《せかい》で初《はじ》めて化石《かせき》が発見《はっけん》された。	12
イクチオサウルス	体長約《たいちょうやく》２ｍ《メートル》で、イルカのような流線形《りゅうせんけい》のフォルムをした魚竜《ぎょりゅう》。	74
インドリコテリウム	体長約《たいちょうやく》８ｍ《メートル》ある、陸上《りくじょう》のほ乳類《にゅうるい》としては最大《さいだい》の動物《どうぶつ》。	87
ヴェロキラプトル	体《からだ》は小柄《こがら》で性格《せいかく》は凶暴《きょうぼう》な肉食恐竜《にくしょくきょうりゅう》。群《む》れで狩《か》りをしていたようだ。	59
オウラノサウルス	肩《かた》から尾《お》まで続《つづ》く壁《かべ》のような突起《とっき》が特徴《とくちょう》の植物食恐竜《しょくぶつしょくきょうりゅう》。	51
ガストニア	かたい皮膚《ひふ》の上《うえ》に大《おお》きなトゲのついたヨロイをもつ植物食恐竜《しょくぶつしょくきょうりゅう》。	20
ギガノトサウルス	全長約《ぜんちょうやく》13m《メートル》の大型肉食恐竜《おおがたにくしょくきょうりゅう》で、群《む》れで暮《く》らしていたといわれている。	66
ケツァルコアトルス	翼《つばさ》を広《ひろ》げると12m《メートル》にもなる史上最大級《しじょうさいだいきゅう》の大《おお》きさの翼竜《よくりゅう》。	75
ケナガマンモス	世界中《せかいじゅう》に広《ひろ》く生息《せいそく》していたマンモス。小《ちい》さな耳《みみ》と巨大《きょだい》な牙《きば》が特徴《とくちょう》。	26
ケントロサウルス	背中《せなか》や肩《かた》にたくさんのトゲをもつ、ケン竜《りゅう》を代表《だいひょう》する恐竜《きょうりゅう》。	89
サイカニア	頭《あたま》や前足《まえあし》にも突起《とっき》がある全身完全武装《ぜんしんかんぜんぶそう》のヨロイ竜《りゅう》。尾《お》の骨《ほね》が武器《ぶき》だ。	42
サウロペルタ	首《くび》から肩《かた》には大《おお》きなトゲ、背中《せなか》から尾《お》は装甲《そうこう》におおわれている恐竜《きょうりゅう》。	62
スーパーサウルス	長《なが》い首《くび》と尾《お》をもち、全長《ぜんちょう》は30m《メートル》を超《こ》す大型《おおがた》の植物食恐竜《しょくぶつしょくきょうりゅう》。	71
スティラコサウルス	鼻《はな》の上《うえ》に、ツノ竜最大級《りゅうさいだいきゅう》といわれる大《おお》きなツノをもつ植物食恐竜《しょくぶつしょくきょうりゅう》。	78
ステゴサウルス	ケン竜《りゅう》のなかまの中《なか》で最《もっと》も大《おお》きく、背中《せなか》の骨板《こつばん》と尾《お》のトゲが特徴《とくちょう》。	14、34、46
スピノサウルス	背中《せなか》にある帆《ほ》が特徴《とくちょう》の恐竜《きょうりゅう》。水辺《みずべ》で生活《せいかつ》をし、魚《さかな》を食《た》べていた。	6、80

名《な》前《まえ》	特《とく》徴《ちょう》	ページ
タルボサウルス	モンゴルの平原《へいげん》にすんでいた、巨大《きょだい》な頭《あたま》とするどい歯《は》が特徴《とくちょう》の恐竜《きょうりゅう》。	86
ダンクルオステウス	強力《きょうりょく》なあごをもち、全《すべ》ての魚類《ぎょるい》の中《なか》でかむ力《ちから》が最強《さいきょう》の魚《さかな》。	84
ディプロドクス	長《なが》い首《くび》と長《なが》い尾《お》をもち、前後《ぜんご》に長《なが》い体《からだ》をした植物食恐竜《しょくぶつしょくきょうりゅう》。	58
ディメトロドン	ほ乳類《にゅうるい》に進化《しんか》する途中《とちゅう》の単弓類《たんきゅうるい》。背中《せなか》の帆《ほ》で体温《たいおん》を調節《ちょうせつ》していた。	18、85
ディモルフォドン	大《おお》きな頭《あたま》が特徴《とくちょう》の翼竜《よくりゅう》。海岸近《かいがんちか》くを飛《と》び、魚《さかな》や昆虫《こんちゅう》を食《た》べていた。	35
ティラコスミルス	一生《いっしょう》のび続《つづ》ける巨大《きょだい》な牙《きば》が特徴《とくちょう》の肉食動物《にくしょくどうぶつ》。カンガルーなどのなかま。	30
ティラノサウルス	恐竜時代《きょうりゅうじだい》の最後《さいご》に登場《とうじょう》した、するどい歯《は》が特徴《とくちょう》の最強肉食恐竜《さいきょうにくしょくきょうりゅう》。	2、4、9、31、36、56
デスモスチルス	カエルとカバを合《あ》わせた感《かん》じで、水陸両方《すいりくりょうほう》で暮《く》らせたようだ。	52
テリジノサウルス	長《なが》い首《くび》でまわりを見《み》て、危険《きけん》を察知《さっち》していた植物食恐竜《しょくぶつしょくきょうりゅう》。	63
トゥパンダクティルス	巨大《きょだい》なトサカをもつ翼竜《よくりゅう》。鼻《はな》の穴《あな》の空洞《くうどう》が大《おお》きく、歯《は》はない。	72
トリケラトプス	ツノ竜《りゅう》の中《なか》で最《もっと》も大《おお》きく、強《つよ》いツノと足《あし》をもつ植物食恐竜《しょくぶつしょくきょうりゅう》。	8、36、54
ニジェールサウルス	はばの広《ひろ》い口《くち》とそこにならぶ小《ちい》さな歯《は》が特徴的《とくちょうてき》な植物食恐竜《しょくぶつしょくきょうりゅう》。	50
パキケファロサウルス	頭突《ずつ》きが得意技《とくいわざ》の植物食恐竜《しょくぶつしょくきょうりゅう》。頭《あたま》の骨《ほね》は最大《さいだい》20cm《センチメートル》の厚《あつ》みになる。	13
パラサウロロフス	鼻《はな》からトサカの部分《ぶぶん》で音《おと》を出《だ》していたといわれる植物食恐竜《しょくぶつしょくきょうりゅう》。	81
ファヤンゴサウルス	最《もっと》も古《ふる》いケン竜《りゅう》のなかまで、尾《お》や肩《かた》にトゲをもつ恐竜《きょうりゅう》。	88
フタバサウルス	福島県《ふくしまけん》いわき市《し》で発見《はっけん》された、全長約《ぜんちょうやく》７ｍ《メートル》の首長竜《くびながりゅう》のなかま。	70
プテラノドン	長《なが》いトサカが特徴的《とくちょうてき》な翼竜《よくりゅう》。歯《は》のないクチバシで魚《さかな》を食《た》べていた。	19、44、60
ブラキオサウルス	最長《さいちょう》16m《メートル》にもなる長《なが》い首《くび》で高《たか》い木《き》の葉《は》を食《た》べていた植物食恐竜《しょくぶつしょくきょうりゅう》。	10、43
プレシオサウルス	４つのヒレで素早《すばや》く泳《およ》ぎ、魚《さかな》など海《うみ》の生《い》き物《もの》を食《た》べていた首長竜《くびながりゅう》。	24、79
マイアサウラ	群《む》れで子育《こそだ》てをし、「良母《りょうぼ》トカゲ」という名前《なまえ》をもつ植物食恐竜《しょくぶつしょくきょうりゅう》。	28
メガテリウム	木《き》に登《のぼ》れない巨大《きょだい》なナマケモノ。長《なが》い前足《まえあし》と短《みじか》い後《うし》ろ足《あし》が特徴《とくちょう》。	32
モササウルス	ワニのような歯《は》をもち、泳《およ》ぐのが速《はや》い巨大《きょだい》な海生《かいせい》は虫類《ちゅうるい》。肉食《にくしょく》。	16、38、65
ユタラプトル	前足《まえあし》のナイフのようなツメと後《うし》ろ足《あし》の大《おお》きなツメが武器《ぶき》の肉食恐竜《にくしょくきょうりゅう》。	20
レガリケラトプス	王冠《おうかん》のようなえりかざりから名前《なまえ》がつけられた植物食恐竜《しょくぶつしょくきょうりゅう》。	22
ワリセロプス	トゲのある甲《こう》らと、フォークのようなツノが特徴的《とくちょうてき》な動物《どうぶつ》。	48

こたえのページ

2~3ページ

5ページ

7ページ

8ページ

10~11ページ

12ページ

9ページ

13ページ

16ページ

14~15ページ

18ページ

17ページ

19ページ

21ページ

22ページ

23ページ

24~25ページ

26~27ページ

29ページ

30ページ

31ページ

33ページ

34ページ

35ページ

36~37ページ

38~39ページ

41ページ

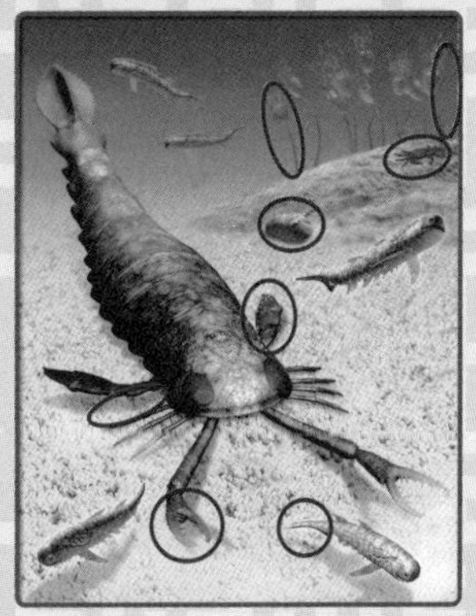

42ページ

43ページ

45ページ

46ページ

47ページ

48〜49ページ

50ページ

51ページ

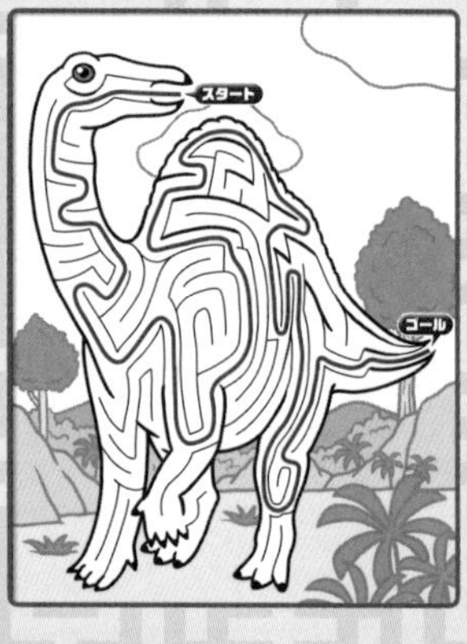

53ページ

54〜55ページ

57ページ

58ページ

60〜61ページ

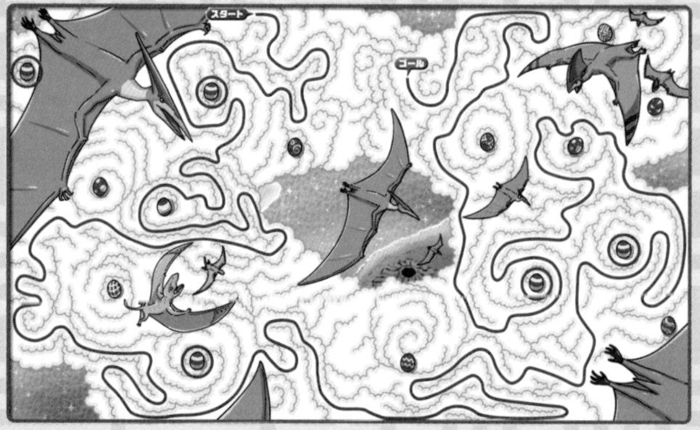

62ページ

63ページ

64ページ

65ページ

66~67ページ

69ページ

71ページ

73ページ

74ページ

76~77ページ

79ページ

80ページ

81ページ

82~83ページ

84ページ

85ページ

86ページ

88ページ

89ページ

絵　加藤愛一／幸池重季／すがのやすのり／髙橋進／野村俊夫／やまおかゆか
本文デザイン　加藤朝代（編集室クルー）
校正　くすのき舎
編集協力　ナイスク　http://naisg.com（松尾里央、髙作真紀、岡田かおり、山口櫻）
ＤＴＰ　編集室クルー

遊んで学んで大ぼうけん！ 恐竜BOOK

めいろ えさがし まちがいさがし ぬりえ

2023年５月10日　第１刷発行

編　者　永岡書店編集部
発行者　永岡純一
発行所　株式会社永岡書店
〒176-8518　東京都練馬区豊玉上1-7-14
代表 03-3992-5155　　編集 03-3992-7191
印　刷　横山印刷
製　本　ヤマナカ製本

ISBN978-4-522-44062-9 C8076